BEI GRIN MACHT SICH IHR WISSEN BEZAHLT

- Wir veröffentlichen Ihre Hausarbeit, Bachelor- und Masterarbeit

- Ihr eigenes eBook und Buch - weltweit in allen wichtigen Shops

- Verdienen Sie an jedem Verkauf

Jetzt bei www.GRIN.com hochladen und kostenlos publizieren

Bibliografische Information der Deutschen Nationalbibliothek:

Die Deutsche Bibliothek verzeichnet diese Publikation in der Deutschen National-bibliografie; detaillierte bibliografische Daten sind im Internet über http://dnb.d-nb.de/ abrufbar.

Impressum:

Copyright © 2018 GRIN Verlag
Druck und Bindung: Books on Demand GmbH, Norderstedt Germany
ISBN: 9783668967731

Dieses Buch bei GRIN:

https://www.grin.com/document/476719

Elias Häfele

Abtreibung in Österreich

GRIN Verlag

GRIN - Your knowledge has value

Der GRIN Verlag publiziert seit 1998 wissenschaftliche Arbeiten von Studenten, Hochschullehrern und anderen Akademikern als eBook und gedrucktes Buch. Die Verlagswebsite www.grin.com ist die ideale Plattform zur Veröffentlichung von Hausarbeiten, Abschlussarbeiten, wissenschaftlichen Aufsätzen, Dissertationen und Fachbüchern.

Besuchen Sie uns im Internet:

http://www.grin.com/

http://www.facebook.com/grincom

http://www.twitter.com/grin_com

Abtreibung
in Österreich

Elias Häfele 7ar

Portfolioarbeit in Ethik

15. Jänner 2018

Inhaltsverzeichnis

Einführung 3

Abriss über die Geschichte der Abtreibung.. 3

    Ägypten... 3

    Griechenland.. 3

    Rom... 4

    Österreich 4

        Mittelalter 4

        Constitutio Criminalis Theresiana 4

        Der §144 StGB.. 4

Die Fristenlösung.. 5

    Die beiden Lager... 5

    Die gesetzliche Regelung des Schwangerschaftsabbruchs 7

        § 96.. 7

        § 97.. 7

    Derzeitige Situation in Österreich 8

Abtreibungsmythen.. 9

    Gesellschaftspolitische Mythen..10

        Zu 1: Ein gesetzliches Verbot würde Abtreibungen verhindern..............................10

    Mythen den Fötus betreffend 11

        Zu 2: Der Fötus ist eine Person von der Befruchtung an 11

    Mythen die Frauen betreffend 14

        Zu 8: Minderjährige brauchen zum Abbruch die Zustimmung eines Elternteils.........14

    Mythen nach dem Abbruch 15

        Zu 3: Frauen sind nach dem Abbruch traumatisiert und leiden an PAS (Post Abortion Syndrom)........15

    Mythen über den Eingriff...16

        Zu Mythos 1: So sieht eine Abtreibung aus...16

Reflexion...18

Literaturverzeichnis 19

Abbildungsverzeichnis..20

Einführung

Abtreibung stellt in Österreich eine Straftat dar, welche im § 96 des Strafgesetzbuches (StGB) geregelt ist. Wer diese Straftat begeht oder dabei mithilft geht dennoch straffrei aus, wenn die Ausnahmen, welche im § 97 genannt werden, zutreffen.

Jährlich werden nach einer Schätzung der Aktion „Jugend für das Leben" zwischen 30.000 – diese Zahl ergibt sich aus einem Vergleich mit anderen Industrieländern – und 100.000 – diese Zahl stammt aus Schätzungen der „Aktion Leben" sowie der Ärztekammer aus den 1990er Jahren – durchgeführt (Jugend für das Leben 2018). Genauere Zahlen können nicht genannt werden, da es in Österreich mangels gesetzlicher Verpflichtung keine statistischen Daten zur Abtreibung gibt.

Die Debatte über die gänzliche Legalisierung der Abtreibung, über deren weitere Erschwerung und auch darüber, wie es möglich sein könnte, ungewollte Schwangerschaften zu vermeiden, ist in Österreich 2018 immer noch voll im Gange.

Auf diese in der Einführung genannten Punkte möchte ich in der folgenden Portfolioarbeit eingehen.

Abriss über die Geschichte der Abtreibung

Ägypten

Bereits um 1600 v. Chr. gab es Hinweise auf die Durchführung von Schwangerschaftsabbrüchen. So werden Mittel beschrieben, durch die „die Frau das Empfangene ausleert im ersten, zweiten oder dritten Zeitabschnitt" (Jütte (Hrsg.) 1993).

Griechenland

Wohl durch die Platznot und das beschränkte Nahrungsangebot in den griechischen Stadtstaaten bedingt, waren die Griechen auf ein nicht zu starkes Bevölkerungswachstum bedacht. Aristoteles sah in der frühen Abtreibung ein geeignetes Mittel, um eine gleich bleibende Bevölkerungszahl zu erhalten. In Griechenland wurden dem ungeborenen Kind weder Lebensrechte noch eine Seele zugesprochen.

Selbst Hippokrates stellt Empfehlungen dazu auf, wie ein Schwangerschaftsabbruch durchgeführt werden sollte.

Rom

Die Römer hielten es ähnlich wie die Griechen. Nachwuchs, vor allem männlicher, war erwünscht, er sollte zahlenmäßig jedoch überschaubar sein.

In Rom sagte man „Die Leibesfrucht ist nämlich, bevor sie geboren wird, ein Teil der Frau beziehungsweise der Eingeweide", was darauf hinweist, dass einem Ungeborenen weder Seele noch Leben zugesprochen wurde (Jütte (Hrsg.) 1993).

Österreich

Mittelalter

Zitate zur Abtreibung im Heiligen Römischen Reich bzw. den Habsburgischen Erblanden konnte ich nicht finden, wohl aber Gesetzestexte.

Das Gebiet des heutigen Österreich ist seit vielen Jahrhunderten im Wesentlichen von der Katholischen Kirche geprägt. Laut Jütte vertrat diese die Theorie der Sukzessivbeseelung, wonach ein männlicher Fötus ab 40 Tagen, ein weiblicher nach 90 Tagen über eine vernunftbegabte Seele verfügt. Eine Abtreibung vor diesem Zeitpunkt war wohl eine Sünde, stellte jedoch keinen Mord dar. Erst im Jahr 1869 wurde diese Unterscheidung in unbeseelten und beseelten Fötus durch Papst Pius IX. aufgehoben – nun spricht die katholische Kirche bereits ab der Zeugung von einem beseelten Fötus bzw. von einem Kind und Abtreibung ist demnach bereits ab der Zeugung verboten (Jütte (Hrsg.) 1993).

Constitutio Criminalis Theresiana

Die weltlichen Gesetzgeber gingen mit der Problematik noch schärfer um. Für die 16-fache Mutter Maria Theresia waren unterschiedliche Lebensumstände betroffener Frauen kein Argument. In der unter ihrer Regentschaft 1768 für alle österreichischen Erblande in Kraft getretenen Constitutio Criminalis Theresiana wurde Abtreibung mit dem Tod durch das Schwert bestraft. In den meisten Landesteilen Österreichs galt schon 200 Jahre früher die Todesstrafe – meist durch Ertränken der Frau – als angemessene Strafe für Abtreibung (derStandard 2017).

Der §144 StGB

Das im wesentlichen Teil aus dem Jahr 1803 stammende Gesetz hatte folgenden Wortlaut

> **„Von der Abtreibung der eigenen Leibesfrucht**
>
> §144. Eine Frauensperson, welche absichtlich was immer für eine Handlung unternimmt, wodurch die Abtreibung ihrer Leibesfrucht verursacht, oder ihre Entbindung auf solche Art, dass das Kind tot zur Welt kommt, bewirkt wird, macht sich eines Verbrechens schuldig.
>
> §145. Ist die Abtreibung versucht, aber nicht erfolgt, so soll die Strafe auf Kerker zwischen sechs Monaten und einem Jahre ausgemessen; die zustande gebrachte Abtreibung mit schwerem Kerker zwischen einem und fünf Jahren bestraft werden.

§146. (St.G.B.1937.) Mitschuldiger dieses Verbrechens ist, wer die Schwangere zur Abtreibung ihrer Leibesfrucht verleitet oder ihr dazu Hilfe leistet, mag es auch nur beim Versuche der Mitwirkung geblieben sein.

Der Mitschuldige ist mit schwerem Kerker zwischen einem und fünf Jahren, wenn er aber gewerbsmäßig zur Abtreibung mitwirkt, zwischen fünf und zehn Jahren zu bestrafen.

Abtreibung einer fremden Leibesfrucht.

§147. Dieses Verbrechens macht sich auch derjenige schuldig, der aus was immer für einer Absicht, wider Wissen und Willen der Mutter, die Abtreibung ihrer Leibesfrucht bewirkt oder zu bewirken versucht.

§148. Ein solcher Verbrecher soll mit schwerem Kerker zwischen einem und fünf Jahren; und wenn zugleich der Mutter durch das Verbrechen Gefahr am Leben oder Nachteil an der Gesundheit zugezogen worden ist, zwischen fünf und zehn Jahren bestraft werden." (Zach 1991)

In der Zeit des Nationalsozialismus, in der Frauen ihre Existenz vor allem durch ihr Mutter-Sein, durch das Gebären möglichst arischer Kinder rechtfertigen konnten, wurde Abtreibung mit der Todesstrafe geahndet.

Zu Beginn der Zweiten Republik wurde oben genannter § 144 wieder eingesetzt.

Wie in den Jahrhunderten und wahrscheinlich Jahrtausenden davor sahen sich Frauen, welche – aus welchen Gründen auch immer – ihre Schwangerschaft abbrechen wollten oder mussten in der Illegalität. Die oftmals ausweglosen Situationen trieb diese Frauen zu Engelmacherinnen, was neben den psychischen Tragödien nur allzu oft in lebenslangen Krankheiten oder dem Tod der Frauen resultierte.

Erst Anfang der 1970er Jahre wurde die Forderung nach einer Entkriminalisierung des Schwangerschaftsabbruchs laut. Die immer breiter werdende Frauenbewegung fand Gehör bei der Frauenorganisation der damaligen sozialistischen Regierung und in einem jahrelangen Prozess gelang es den Frauen, die in der Regierungsvorlage von 1971 vorgesehene Indikationenlösung (Schwangerschaftsabbruch nur bei medizinischer Indikation erlaubt) zu unterlaufen.

Die Fristenlösung

Die beiden Lager

Bewegte Debatten gingen der Neuregelung des Abtreibungsgesetzes voraus. Nachdem es gelungen war, die Indikationenlösung, welche einen Schwangerschaftsabbruch ausschließlich aufgrund medizinischer Notwendigkeit gestattet hätte, zu implementierten wurde ergänzend die Fristenregelung diskutiert.

50 Jahre, nachdem im Parlament erstmals der Antrag auf Straffreiheit für Abtreibung gestellt wurde, trat die Fristenlösung am 1. Jänner 1975 in Kraft (derStandard 2004). Jene, die offen für die Fristenlösung eintraten, waren im Auge der Öffentlichkeit eine kleine Gruppe: Linke Intellektuelle und Feministinnen. Sie wurden von der SPÖ unterstützt, der damalige Bundeskanzler, Bruno Kreisky meinte dennoch:

> "Ich weiß zwar, wie man Wahlen gewinnt, ich weiß aber auch, wie man sie verliert, und jetzt bei dieser Abtreibungssache schaut es ganz danach aus." (Zach 1991)

Die Befürworter der Fristenlösung hatten zum Ziel, die Entscheidung über eine Schwangerschaft in den Händen der Frau zu lassen. Die Fristenlösung war nur eines der Instrumente, welche dieses Ziel ermöglichen sollte. Weiter sollten dazu gehören:

- Das Schaffen ökonomischer und struktureller Bedingungen, welche den ökonomischen, gesellschaftlichen und zeitlichen Druck von der Frau nehmen sollten
- Wissenschaftliche Aufklärung
- Enttabuisierung der Sexualität
- Verhinderung ungewollter Schwangerschaften mithilfe von Aufklärung
- Dabei wurde auf die weiblichen Lebensumstände und deren Verbesserung fokussiert (Lehner 2011).

Bereits 1974 wurden bei der Behandlung des Gesetzes folgende begleitende Maßnahmen gefordert:

> „Weit wirksamer und humaner als jedes Strafrecht sind andere Maßnahmen, wie etwa:
> - Gewährleistung des Zuganges zu empfängnisverhütenden Mitteln für alle Bevölkerungsschichten,
> - Errichtung von Familienberatungsstellen in ganz Österreich,
> - ärztliche Beratung der Frau zur Verhinderung weiterer Schwangerschaftsabbrüche,
> - umfassende Sexualerziehung an allen Schulen und
> - sachliche Information über Empfängnisverhütung auch in den Massenmedien,
> - Ausbau von Kindergärten und Einführung der Ganztagsschule,
> - sonstige Maßnahmen zur materiellen Förderung der Familie."
> (959 der Beilagen zu den stenographischen Protokollen des Nationalrates XIII. GP 1974)

Die Gegner der Abtreibung fanden sich im bürgerlichen und katholischen Lager. Die Argumente dieses Lagers fokussierten auf das Leben. Dabei wurde im Wesentlichen kein Unterschied zwischen geborenem und ungeborenen Leben gemacht. Der Frau wurde kein Recht an der „Leibesfrucht" zugestanden, da das „Leben" des Embryos nicht Gegenstand von Entscheidungen darstellen könne. Die Instrumente zur Umsetzung dieser Sichtweise beinhalteten vor allem:

- Gesetze, welche den Abbruch verbieten sollten
- Finanzielle und ideologische Programme, um einen pro-kreativen Zugang zur Reproduktion gesellschaftspolitisch zu installieren (Lehner 2011).

Die gesetzliche Regelung des Schwangerschaftsabbruchs

Im Jahr 1975 wurden in Österreich die §§ 96 und 97, die so genannten „Abtreibungsparagraphen" oder die „Fristenlösung" eingeführt. Gesellschaftspolitisch interessant ist in diesem Zusammenhang, dass Bruno Kreisky mit seiner oben geäußerten Meinung nicht recht behielt: In den auf die Einführung der Paragraphen folgenden Wahlen erzielte die SPÖ die absolute Mehrheit.

„§ 96

(1) Wer mit Einwilligung der Schwangeren deren Schwangerschaft abbricht, ist mit Freiheitsstrafe bis zu einem Jahr oder mit Geldstrafe bis zu 720 Tagessätzen, begeht er die Tat gewerbsmäßig, mit Freiheitsstrafe bis zu drei Jahren zu bestrafen.

(2) Ist der unmittelbare Täter kein Arzt, so ist er mit Freiheitsstrafe bis zu drei Jahren, begeht er die Tat gewerbsmäßig oder hat sie den Tod der Schwangeren zur Folge, mit Freiheitsstrafe von sechs Monaten bis zu fünf Jahren zu bestrafen.

(3) Eine Frau, die den Abbruch ihrer Schwangerschaft selbst vornimmt oder durch einen anderen zuläßt, ist mit Freiheitsstrafe bis zu einem Jahr oder mit Geldstrafe bis zu 720 Tagessätzen zu bestrafen." (Bundeskanzleramt : Rechtsinformationssystem 2018)

Der § 96 StGB sagt also klar aus, dass Abtreibung und Hilfestellung bei der Abtreibung in Österreich strafbare Handlungen darstellen. Die Ausnahmen, welche Straffreiheit innerhalb einer Straftat garantieren, definiert der folgende Paragraph.

§ 97
Straflosigkeit des Schwangerschaftsabbruchs

„(1) Die Tat ist nach § 96 nicht strafbar,

1. wenn der Schwangerschaftsabbruch innerhalb der ersten drei Monate nach Beginn der Schwangerschaft nach vorhergehender ärztlicher Beratung von einem Arzt vorgenommen wird; oder

2. wenn der Schwangerschaftsabbruch zur Abwendung einer nicht anders abwendbaren ernsten Gefahr für das Leben oder eines schweren Schadens für die körperliche oder seelische Gesundheit der Schwangeren erforderlich ist oder eine ernste Gefahr besteht, daß das Kind geistig oder körperlich schwer geschädigt sein werde, oder die Schwangere zur Zeit der Schwängerung unmündig gewesen ist und in allen diesen Fällen der Abbruch von einem Arzt vorgenommen wird; oder

3. wenn der Schwangerschaftsabbruch zur Rettung der Schwangeren aus einer unmittelbaren, nicht anders abwendbaren Lebensgefahr unter Umständen vorgenommen wird, unter denen ärztliche Hilfe nicht rechtzeitig zu erlangen ist.

(2) Kein Arzt ist verpflichtet, einen Schwangerschaftsabbruch durchzuführen oder an ihm mitzuwirken, es sei denn, daß der Abbruch ohne Aufschub notwendig ist, um die Schwangere aus einer unmittelbar drohenden, nicht anders abwendbaren Lebensgefahr zu

retten. Dies gilt auch für die in gesetzlich geregelten Gesundheitsberufen tätigen Personen.

(3) Niemand darf wegen der Durchführung eines straflosen Schwangerschaftsabbruchs oder der Mitwirkung daran oder wegen der Weigerung, einen solchen Schwangerschaftsabbruch durchzuführen oder daran mitzuwirken, in welcher Art immer benachteiligt werden." (Bundeskanzleramt : Rechtsinformationssystem 2018)

Das heißt also, dass in Österreich ein Schwangerschaftsabbruch ohne Begründung auf Verlangen der Frau innerhalb der ersten drei Monate (bzw. 16 Wochen nach Einnistung) nach einem Beratungsgespräch durchgeführt werden kann (Gynmed Ambulatorium 2018).

Derzeitige Situation in Österreich

Wie oben ausgeführt kann ein Schwangerschaftsabbruch sofort nach der Beratung durchgeführt werden, es gibt keine Wartezeiten, keine inhaltlichen Vorgaben für das Beratungsgespräch. Namen und Daten werden weder an Krankenkassen weiter geleitet, noch wird die Anzahl der Abbrüche statistisch erfasst. Das Recht auf Abbruch der Schwangerschaft innerhalb der Frist besteht für jede mündige Frau, ungeachtet ihrer Herkunft. Das bedeutet, dass auch Frauen aus anderen Ländern in Österreich dieses Recht für sich in Anspruch nehmen können.

Allerdings wird der Abbruch in Österreich nicht, wie in fast allen anderen westeuropäischen Ländern von der Krankenkasse bezahlt. Sofern der Schwangerschaftsabbruch nicht medizinisch indiziert ist, müssen Frauen in Österreich diesen selbst bezahlen.

Mit seriös geschätzten 30.000 bis 40.000 Abtreibungen gehört Österreich zu jenen Ländern in Europa mit der höchsten Abtreibungsrate. Auf 1000 Frauen im gebärfähigen Alter kommt Russland auf 45, Rumänien auf 31, Bulgarien und Ungarn auf 22 Abtreibungen pro Jahr. Österreich kommt auf etwa 17 bis 23 Abtreibungen pro 1000 gebärfähiger Frauen und reiht sich so bei den ehemaligen Ostblockstaaten ein. Jene Länder, mit denen wir uns gerne vergleichen, schneiden deutlich besser ab: Schweiz (6,5), Deutschland, Belgien und die Niederlande (8).

Dr. Fiala, der Leiter der Abtreibungsklinik gynmed in Wien, meint dazu provokant:

> „Die katholische Kirche fördert indirekt Abtreibungen, indem sie die Prävention verhindert." (Buchacher 2009)

Viele der begleitenden und zugleich Abtreibungen vermindernden Maßnahmen, welche schon bei der Einführung der Fristenlösung in den 1970er Jahren gefordert wurden, sind immer noch nicht umgesetzt. Die Prävention in Österreich greift nicht. Es fehlen ein offener Umgang mit dem Thema, umfassende Sexualaufklärung, Verhütungskurse in den Schulen, Verhütungsmittel und Abtreibung auf Kassenkosten. Diese Maßnahmen sind in Ländern wie der Schweiz, Holland, Belgien, Deutschland oder Finnland selbstverständlich, weshalb es dort viel weniger Abtreibungen als in Österreich gibt.

Umfassende Sexualaufklärung betreiben nur wenige engagierte Biologielehrer, in AHS eher als in Hauptschulen. Bettina Weidinger vom Österreichischen Institut für Sexualpädagogik berichtet von einer Fülle von Sexualmythen, die unter Jugendlichen kursieren. So etwa, dass man beim ersten

Mal nicht schwanger werden könne oder, dass das Urinieren nach dem Verkehr die Samenfäden wieder aus der Scheide spüle (Buchacher 2009).

Ein weiteres Beispiel dafür, dass die mächtigen konservativen Kreise alle Möglichkeiten ausschöpfen – und dabei möglicherweise ihr eigenes Ziel, in Österreich ist die Abtreibungszahlen zu senken selbst sabotieren – ist die so genannte Pille danach. Experten sprechen sich in einem von der Regierung 2005 eingeholten Gutachten für die rezeptfreie Abgabe dieser „Pille" aus, welche das weibliche Geschlechtshormon Gestagen enthält und bei rechtzeitiger postkoitaler Einnahme den Eisprung verhindert. Leider sah sich die damalige Gesundheitsministerin nicht in der Lage, dieser Empfehlung zu folgen, was dazu führte, dass Frauen, welche eine Einnistung verhindern möchten – also bevor eine Schwangerschaft vorliegt – sich ein Rezept von einer Ärztin / einem Arzt holen müssen, bevor sie die Pille in der Apotheke erhalten. Es ist auch nicht möglich, die Pille nach dem Akt, also meistens in der Nacht oder am Wochenende, zu besorgen, da eben erst ein Rezept ausgestellt werden muss. Die Rezeptpflicht verhindert so die sinngemäße Verwendung der Pille.

Dass Abtreibung in Österreich immer noch ein Tabuthema darstellt, dass eine Diskussion über kostenlose Abgabe von Verhütungsmitteln, die rezeptfreie Abgabe der Pille danach oder eine breite öffentliche Aufklärung nicht erwünscht sind, zeigt beispielsweise die Erstellung der Broschüre „Ungewollt schwanger" des Grazer Frauengesundheitszentrums. Es stellte sich heraus, dass auf der Webseite der steiermärkischen Krankenhausholding der Begriff „Abtreibung" gar nicht existierte. Auch nicht in Form von weiter führenden Links für hilfesuchende Frauen. Insgesamt fanden sich in der ganzen Steiermark nur zwei Gynäkologen, welche es erlaubten, im Zusammenhang mit Abtreibung in der Broschüre aufzuscheinen. Dies deutet auch auf das starke Ost-West-Gefälle (oder eben Ost-Süd-Gefälle) im Zugang zu Abtreibung hin. Je weiter im Westen oder Süden, je weiter von der Bundeshauptstadt entfernt, umso weniger finden Frauen Zugang zu Informationen über Abtreibung, zu Beratungsgesprächen und – außerhalb Wiens kaum vorhanden – zu Kliniken, in denen Abtreibungen durchgeführt werden.

Abtreibungsmythen
Auf der Webseite abtreibungs-mythen.info finden sich Mythen, welche sich um die Abtreibung ranken.

- Gesellschaftspolitische Mythen
- Mythen den Fötus betreffend
- Mythen die Frauen betreffend
- Mythen nach einem Abbruch
- Mythen nach dem Eingriff

Nachfolgend gehe ich auf je einen Mythos zu jedem der oben genannten Bereiche ein.

Gesellschaftspolitische Mythen

# 1	Ein gesetzliches Verbot würde Abtreibungen verhindern
# 2	Religiöse Menschen sind gegen Abtreibung
# 3	Liberal gesinnte Menschen wollen mehr Abtreibungen
# 4	Adoptionsfreigabe ist besser als Abtreibung
# 5	BefürworterInnen wollen Abtreibungen bis zur Geburt ermöglichen
# 6	Man kann nicht für Abtreibung aber gegen Todesstrafe sein

Abb. 1: : Gesellschaftspolitische Mythen. Quelle: (Initiative zur Info über Repr. Gesundheit)

Zu 1: Ein gesetzliches Verbot würde Abtreibungen verhindern

Die weltweite Abtreibungsrate (errechnet aus je 1000 Frauen im gebärfähigen Alter zwischen 15 und 44 Jahren) fiel von 35 Aborten im Jahr 1995 auf 28 Aborte im Jahr 2008. Gleichzeitig wurden 2008 49 % der Abtreibungen unter unsicheren Bedingungen durchgeführt, verglichen zu 44 % im Jahr 1995. Das bedeutet, dass in Ländern, in denen Abtreibung legalisiert ist, die Abtreibungsrate dramatisch gesunken ist (Sedgh u. a. 2012).

Unsichere Bedingungen in diesem Zusammenhang definieren sich dadurch, dass die Abtreibung von Personen, welche dazu nicht ausgebildet sind und / oder in Umgebungen, welche die medizinischen Standards der Sauberkeit und des Zugangs zu den nötigen Instrumenten nicht erfüllen, ausgeführt werden (Obos Abortion Contributors 2014).

Ein gesetzliches Verbot von Abtreibungen senkt also keinesfalls die Abtreibungsrate. Was ein solches Verbot allerdings bewirkt, ist, dass Abtreibungen offiziell nicht mehr statt finden. Damit wird die offizielle Abtreibungsrate sehr wohl gesenkt, weil einfach nicht sein kann, was nicht sein darf. Frauen, welche einen Schwangerschaftsabbruch durchführen wollen oder müssen und auch jene, die diesen Abbruch durchführen, werden wiederum in die Illegalität gezwungen, mit all den Strafen, Belastungen, dem Leid und auch den Gefahren für Körper und Psyche wie in den hunderten und tausenden Jahren vor der Legalisierung.

Mythen den Fötus betreffend

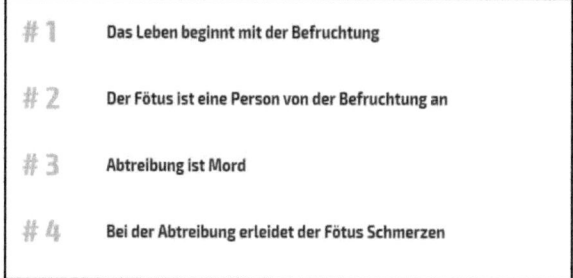

# 1	Das Leben beginnt mit der Befruchtung
# 2	Der Fötus ist eine Person von der Befruchtung an
# 3	Abtreibung ist Mord
# 4	Bei der Abtreibung erleidet der Fötus Schmerzen

Abb. 2: Mythen den Fötus betreffend. Quelle: (Initiative zur Info über Repr. Gesundheit 2018)

Zu 2: Der Fötus ist eine Person von der Befruchtung an

Wie weiter oben unter „Die beiden Lager" ausgeführt, fokussiert das Lager der Abtreibungsgegner auf den Fötus und dessen Status als Person von der Befruchtung an. Daraus wird konsequenterweise abgeleitet, dass Abtreibung mit Mord gleichzusetzen ist.

Was nun meinen die Wissenschaften, abseits von der Abtreibungsdiskussion, zum Begriff „Person"?

> *„Person im soziologischen Sinn* bezeichnet ein Individuum, einen Menschen, der soziologisch verschiedene Rollen einnimmt.

> *Person im philosophischen Sinn* wird von manchen als das Wesen des Menschseins vor dem Hintergrund des abendländischen Denkhorizonts gesehen: Dem Menschen als Person wird eine gewisse Freiheit der Entscheidung und Verantwortlichkeit für sein Handeln zugeschrieben.

> *Person im juristischen Sinn* ist der Oberbegriff für natürliche Personen und juristische Personen. Beide Rechtssubjekte sind Träger von Rechten und Pflichten" (Piskernigg 2004).

Keine dieser Definitionen kann auf den Fötus zutreffen. Weder kann er verschiedene Rollen einnehmen, noch kann er frei in und verantwortlich für seine Entscheidungen, noch Träger von Rechten und Pflichten sein.

> „Das Gesetz definiert zudem: die uneingeschränkte Rechtsfähigkeit als „natürliche Person" beginnt mit der vollendeten Geburt. Die vollzogene natürliche oder künstliche Trennung des Kindes vom Mutterleib stellt diesen Zeitpunkt dar. Die Rechtsfähigkeit tritt ein, sobald das Kind ein Lebenszeichen von sich gegeben hat, gleichgültig, ob es später lebensfähig ist oder nicht.

> Die Europäische Kommission für Menschenrechte hat festgehalten, dass der Ausdruck „jeder Mensch" den Fötus nicht einschließt. Im gleichen Sinn haben die

Verfassungsgerichte in Österreich, Frankreich und Holland entschieden. Am 8. Juli 2004 hat es der Europäische Gerichtshof für Menschenrechte abgelehnt, dem Fötus den Status einer „Person" zuzuschreiben" (Piskernigg 2004).

Die juristische Seite wäre demnach zweifelsfrei geklärt. Aber was ist mit der ethischen Seite? Möglicherweise machen es sich die Abtreibungsbefürworter, welche die Webseite abtreibungs.info betreiben, ein wenig zu einfach, wenn sie den Mythos „Der Fötus ist eine Person von der Befruchtung an" nennen. Ein wenig unbequemer wäre es meiner Meinung nach, wenn sie sich mit dem Mythos „Das Leben beginnt mit der Befruchtung" auseinandergesetzt hätten. Doch vielleicht ist das ja gar kein Mythos?

Beginnt das Leben mit der Befruchtung?

Ich möchte mir die Frage also selbst stellen und bin bereit, mich von der Antwort überraschen zu lassen.

> „Die moderne Wissenschaft ist sich einig: Das Menschsein beginnt definitiv mit der Befruchtung - die Verschmelzung von Ei und Samenzelle" (pro-leben.de 2018).

[Abbildung entfernt]

Diese Aussage ist auf der Webseite einer der führenden Gegner von Abtreibung, pro leben, zu finden. Leider konnte ich jedoch auf der Webseite keine Hinweise darauf finden, wer diese „moderne Wissenschaft" ist und wie sich diese „Einigkeit" ausdrückt.

Im Islam und im Christentum vor 1869 wurde Leben mit der „Beseelung" gleich gesetzt. Jene fand bei männlichen Fötus um den 40. beim weiblichen um den 90. Tag statt. So waren bzw. sind im Islam theoretisch Schwangerschaftsabbrüche vor diesem Datum möglich, da es sich beim Fötus noch nicht um beseeltes Leben handelt. (siehe oben unter „Abriss über die Geschichte der Abtreibung")

Eine andere Diskussion, die sich sozusagen am anderen Ende des „Lebens" abspielt ist jene um „das Ende des Lebens". Meine Überlegung geht dahin, dass die Argumente in dieser Diskussion eigentlich auch auf Überlegungen zum „Anfang des Lebens" übertragbar sein müssten.

Der Hirntod wird als „Ende des Lebens" angesehen. In seinem Artikel in der „Zeit" führt Hans-Martin Sass aus, dass auch Gott im Neuen Testament dem Menschen erst dann seinen Atem (die Seele) eingehaucht hatte, nachdem er diesen nach seinem Ebenbild erschaffen habe. Er schließt aus Sicht der christlichen Religionen daraus:

> „ Menschliches Leben ist daher nicht biologisch, sondern im Licht dieses Person-Seins zu verstehen und zu bewerten." (Sass 1990)

Aus medizinischer Sicht stellt er fest, dass der Hirntod als jene Grenze im menschlichen Leben anzusehen ist, die nicht nur eindeutig festzustellen ist, sondern die auch die Fähigkeit des Menschen, Schmerzen zu empfinden oder zu kommunizieren, darstellt. Vor dem Eintreten des Hirntodes wird dem Menschen voller medizinischer und rechtlicher Schutz, uneingeschränkte ethische Solidarität zugestanden.

Frühestens am 70. Tag nach der Befruchtung bilden sich im Hirn Synapsen, welche die Möglichkeit der zentralen neuronalen Steuerung, des Schmerzempfindens, der Kommunikation, des Bewusst- und Selbstbewusstseins beinhalten. Analog zum „Hirntod" könnte so vom „Hirnleben" gesprochen werden und es wäre nachvollziehbar, den Beginn der Hirnfunktionen um den 70. Tag nach der Befruchtung als Beginn des Lebens zu definieren (Kulke 2001).

Wiederum aus einer Betrachtung, die sich mehr damit auseinandersetzt, wann das „Ende des Lebens" gekommen ist, die jedoch meiner Meinung nach für den „Anfang des Lebens" genau so relevant ist, stammt das folgende Zitat:

> „Aus Sicht des Mikrobiologen lautet die Antwort: Wir sollten solche Objekte für lebendig halten, die sich fortpflanzen können, einen autonomen Stoffwechsel aufweisen und evolutionär veränderbar sind. Aus der Sicht des Lebenswissenschaftlers sei hinzugefügt: Zu den evolutionären Möglichkeiten des Lebens gehören auch Fähigkeiten, die menschliches Leben wesentlich ausmachen, nämlich das Vermögen zur Selbstreflexion, zum Gewissensurteil und zur sprachlichen Verständigung" (Süddeutsche Zeitung 2012).

Nachdem ich mich mit den obigen Gedanken auseinander gesetzt und sie auch im Familien- und Freundeskreis diskutiert habe, kann ich es mit meinen Vorstellungen von Moral vereinbaren zu sagen, dass „Leben" frühestens mit dem Bewusstsein anfängt.

Mythen die Frauen betreffend

# 1	Frauen haben immer die Kontrolle darüber, ob sie schwanger werden wollen oder nicht
# 2	Frauen haben lieber einen Abbruch als Verhütung anzuwenden
# 3	Nur egoistische und verantwortungslose Frauen entscheiden sich für einen Abbruch
# 4	Frauen haben kein Recht über ein anderes Leben zu entscheiden
# 5	Eine religiöse Frau wird sich niemals für einen Schwangerschaftsabbruch entscheiden
# 6	Nur spezielle Typen von Frauen haben ungewollte Schwangerschaften und Abbrüche
# 7	Frauen, die abtreiben schätzen den Wert des Mutter-seins nicht
# 8	Minderjährige brauchen zum Abbruch die Zustimmung eines Elternteils
# 9	Es gibt Frauen, die schon 6-7 mal abgetrieben haben
# 10	Frauen treiben bis kurz vor der Geburt ab
# 11	Nur Frauen haben Abtreibungen (nein, auch Trans*Männer!)

Abb. 4: Mythen die Frauen betreffend. Quelle: (Initiative zur Info über Repr. Gesundheit 2018)

Zu 8: Minderjährige brauchen zum Abbruch die Zustimmung eines Elternteils

Die gesetzliche Lage in Österreich stellt sich laut Allgemeinem bürgerlichen Gesetzbuch (ABGB) von 2013 wie folgt dar:

> "§ 173. (1) Einwilligungen in medizinische Behandlungen kann das einsichts- und urteilsfähige Kind nur selbst erteilen; im Zweifel wird das Vorliegen dieser Einsichts- und Urteilsfähigkeit bei mündigen Minderjährigen vermutet. Mangelt es an der notwendigen Einsichts- und Urteilsfähigkeit, so ist die Zustimmung der Person erforderlich, die mit Pflege und Erziehung betraut ist." (Gleixner-Eberle 2014)

Mündige Minderjährige sind laut Gesetz 14-18-Jährige.

Das bedeutet: Junge Frauen ab 14 müssen über einen Schwangerschaftsabbruch in Österreich selbst entscheiden und da gilt selbstverständlich der PatientInnenschutz wie bei Erwachsenen, d.h. minderjährige Frauen benötigen keine Unterschrift von einem Erziehungsberechtigten.

Jugendliche, die das 14. Lebenjahr noch nicht beendet haben benötigen die Einwilligung eines Erziehungsberechtigten (Gynmed Ambulatorium 2018).

Mythen nach dem Abbruch

# 1	Frauen können nach einem Abbruch unfruchtbar werden
# 2	Eine Abtreibung verursacht Brustkrebs
# 3	Frauen sind nach einem Abbruch traumatisiert und leiden an PAS (Post Abortion Syndrom)
# 4	Ein Arzt/eine Ärztin kann später einen Abbruch nachweisen
# 5	Frauen haben nach einem Abbruch ein höheres Risiko später eine Eileiterschwangerschaft, eine Fehlgeburt oder Frühgeburt zu haben
# 6	Nach einem Schwangerschaftsabbruch trennen sich viele Paare

Abb. 5: Mythen nach dem Abbruch. Quelle: (Initiative zur Info über Repr. Gesundheit 2018)

Zu 3: Frauen sind nach dem Abbruch traumatisiert und leiden an PAS (Post Abortion Syndrom)

Das Kompendium der praktischen Medizin führt dazu aus:

▶ **Psychische Spätkomplikationen**: Schwangerschaftsabbrüche können psychische – wie Depression, Suizidimpulse, psychotische Episoden – und/oder körperliche Symptome hervorrufen. Zahlreiche Frauen, die in einer tragfähigen Partnerschaft mit einer hilfreichen familiären Beziehung leben, bewältigen einen Abbruch ohne psychologische Hilfe. Bei Frauen mit einer ausreichenden Ich-Stärke kann die Trauer nach zwei bis drei Wochen abklingen. Dies trifft für gut 50% der betroffenen Frauen zu. Langfristig zeigen 80% der Frauen eine günstige Verarbeitung des Abbruchs und bei 20% resultiert eine psychische Irritation. Von diesen zeigen etwa 10% schwere anhaltende Störungen [15].

Abb. 6: Post Abortion Syndrom. Quelle: (König u. a. 2013)

Auf der Webseite von Rahel e.v. finden sich Erfahrungsberichte Betroffener und Forumsdiskussionen von und mit Frauen, welche eine Abtreibung durchgeführt haben. Rahel e.v. unterstützt die pro-life Bewegung, weshalb es nicht erstaunlich ist, dass auf der Webseite ausschließlich Frauen zu Wort kommen, für welche die Abtreibung ein traumatisches Ereignis darstellt.

Erfahrungsberichte

- Alkohol und Abtreibung: Dies war der Anfang eines neuen Lebens
- Abtreibung bewegt ein Leben lang: Ich habe mein Kind getötet.
- Bekenntnis zum Tag der unschuldigen Kinder am 28.12.:Unschuldige Kinder
- Kinder und Schwangerschaft: Kindermund
- Schwangere im Konflikt: Die Reise auf dem Luxusliner
- Gefährliche Beratung: "Prophylaxe"
- Grauenhafte Haus-Abtreibung vor vierzig Jahren. Heute noch mal aktuell!
- Zum 10-jährigen Todestag meines Kindes

Abb. 7: Erfahrungsberichte zum Abtreibungstrauma Quelle: (Rahel e.V 2018)

Für mich gilt festzuhalten: Abtreibung stellt durchaus für viele Frauen ein traumatisches Erleben dar. Die genauen Zahlen sind – ähnlich der Zahl der Abbrüche – nicht zu eruieren, die Tatsache besteht jedoch.

Mythen über den Eingriff

So sieht eine Abtreibung aus

Abtreibung widerspricht dem hippokratischen Eid

Eine Abtreibung ist ein gefährlicher medizinischer Eingriff

Die Tabletten für den medikamentösen Abbruch sind gefährlich

Eine Abtreibung ist ein größeres Risiko als eine Schwangerschaft

ÄrztInnen, die Abbrüche durchführen, tun dies nur des Geldes wegen

ÄrztInnen führen ohne vorherige Beratung den Eingriff durch, die Frauen wissen nicht was ihnen passiert

Abb. 8: Mythen über den Eingriff. Quelle: (Initiative zur Info über Repr. Gesundheit 2018)

Zu Mythos 1: So sieht eine Abtreibung aus

Der Eingriff selbst ist jenes Thema, das die Abtreibungsgegnerinnen am öftesten als Kriterium gegen eine Abtreibung anführen. Bevorzugt prangern sie Abtreibungen an, in dem sie Bilder von Föten in verschiedenen Entwicklungsstadien zur Schau stellen und diese Bilder mit einem Slogan versehen.

Abb. 9: Marsch "1000 Kreuze für das Leben". Quelle (Helfer für Gottes kostbare Kinder Deutschland e. V. 2018)

Die Abtreibungsklinik Gynmed informiert dazu:

> *„Die meisten Bilder, die DemonstrantInnen gegen Abtreibungen verwenden, sind entweder bearbeitet oder Bilder von Spätabtreibungen aufgrund einer schweren Fehlbildung des Fötus oder einer Erkrankung der Frau. Der größte Teil aller Schwangerschaftsabbrüche wird vor der 10. Schwangerschaftswoche durchgeführt, sehr viele Abbrüche sogar schon vor der 6. Schwangerschaftswoche."* (Gynmed Ambulatorium für Schwangerschaftsabbruch und Familienplanung 2018)

Reflexion

Gründlicher und viel intensiver als ich es eigentlich vor hatte, habe ich mich mit dem Thema „Abtreibung" beschäftigt.

Was ist mir bei der Auseinandersetzung mit dem Thema wichtig geworden:

Am wichtigsten war für mich der Punkt, an dem ich mich damit beschäftigte, ab wann von „Leben" gesprochen werden kann. Nachdem ich viele Artikel dazu gelesen hatte, viele davon habe ich in der Arbeit gar nicht angeführt, da es einfach zu umfangreich geworden wäre, bin ich für mich ganz klar zum Schluss gekommen: Leben beginnt frühestens mit dem „Hirnleben". Ich sehe mich also auf der Seite jener, welche die Fristenlösung befürworten.

Ein weiterer Punkt wurde mir auch immer klarer. Eigentlich war mir die Tatsache schon davor sehr klar und ich habe mich sehr angestrengt, auch ihre Sichtweise mit zu berücksichtigen: Ich kann mit konservativen Werten nicht viel anfangen! Mir ist bewusst, dass ich das Thema von Anfang an schon so gesehen habe, ich habe mich aber dennoch bemüht, andere Sichtweisen aufzuzeigen und in meiner Meinungsbildung zu berücksichtigen.

Literaturverzeichnis

959 der Beilagen zu den stenographischen Protokollen des Nationalrates XIII. GP (1974): „Bericht des Justizausschusses".

Buchacher, Robert (2009): „Abtreibungsland Österreich: Wie Politik und Kirche Prävention verhindern". *profil.at*. Abgerufen am 06.01.2018 von https://www.profil.at/home/abtreibungsland-oesterreich-wie-politik-kirche-praevention-251983.

Bundeskanzleramt: Rechtsinformationssystem (2018): „RIS - Strafgesetzbuch - Bundesrecht konsolidiert, Fassung vom 06.01.2018". Abgerufen am 06.01.2018 von https://www.ris.bka.gv.at/GeltendeFassung.wxe?Abfrage=Bundesnormen&Gesetzesnummer=10002296.

derStandard (2017): „Abtreibung unter Maria Theresia: Keine Gnade für Frauen in Notsituationen". *derStandard.at*. Abgerufen am 08.01.2018 von https://derstandard.at/2000055833713/Abtreibung-unter-Maria-Theresia-Keine-Gnade-fuer-Frauen-in-Notsituationen.

derStandard (2004): „Wie es zur Fristenlösung kam". *derStandard.at*. Abgerufen am 08.01.2018 von https://derstandard.at/969482/Wie-es-zur-Fristenloesung-kam.

Gleixner-Eberle, Elisabeth (2014): *Die Einwilligung in die medizinische Behandlung Minderjähriger: Eine arztrechtliche Untersuchung im Rechtsvergleich mit Österreich und der Schweiz sowie mit Blick auf das Internationale Privat- und Strafrecht*. Springer-Verlag.

Gynmed Ambulatorium (2018): „Gesetzliche Regelung des Schwangerschaftsabbruchs in Österreich | Gynmed Ambulatorium - die Adresse für ungewollte Schwangerschaften". Abgerufen am 06.01.2018 von https://www.gynmed.at/schwangerschafts-abbruch/gesetz.

Gynmed Ambulatorium für Schwangerschaftsabbruch und Familienplanung (2018): „Gynmed Ambulatorium für Schwangerschaftsabbruch und Familienplanung | Gynmed Ambulatorium - die Adresse für ungewollte Schwangerschaften". Abgerufen am 14.01.2018 von https://www.gynmed.at/.

Helfer für Gottes kostbare Kinder Deutschland e. V. (2018): „1000 Kreuze für das Leben". Abgerufen am 14.01.2018 von http://www.kostbare-kinder.de/54-0-1000-Kreuze-fuer-das-Leben.html.

Initiative zur Info über Repr. Gesundheit (2018): „Abortion Myths". *Abortion Myths*.

Jugend für das Leben (2018): „Abtreibungszahlen". *youthforlife.net*.

Jütte (Hrsg.), Robert (1993): *Geschichte der Abtreibung. Von der Antike bis zur Gegenwart*. München: Beck.

König, B.; Reinhardt, D.; Schuster, H.-P. (2013): *Kompendium der praktischen Medizin*. Springer-Verlag.

Kulke, Ulli (2001): „Wann beginnt das Leben?". *DIE WELT*. 30.5.2001.

Lehner, Daniel (2011): *Die österreichische Verandlung des Schwangerschaftsabbruchs (1973-2009)*. Universität Wien: Masterarbeit.

Obos Abortion Contributors (2014): „The Impact of Illegal Abortion". *Our Bodies Ourselves*.

Piskernigg, Thomas (2004): „IMABE: Fällt das ungeborene Kind unter den Schutz von Artikel 2 EMRK? Der Fall VO v. FRANCE vor dem Europäischen Gerichtshof für Menschenrechte (EGMR)". Abgerufen am 06.01.2018 von http://www.imabe.org/index.php?id=670.

pro-leben.de (2018): „Abtreibung - Wann beinnt das menschliche Leben?". *http://www.pro-leben.de/abtr/lebensbeginn_theorien.php*. Abgerufen am 10.01.2018 von http://www.pro-leben.de/abtr/lebensbeginn_theorien.php.

Rahel e.V (2018): „Erfahrungsberichte". *Rahel - Erfahrungen nach Abtreibung*. Abgerufen am 14.01.2018 von http://www.rahel-ev.de/erfahrung-frauen-berichten/erfahrungsberichte/.

Sass, Hans-Martin (1990): „Wann beginnt das Leben?". *Die Zeit*. Hamburg 30.11.1990.

Sedgh, Gilda; Singh, Susheela; Shah, Iqbal H.; u. a. (2012): „Induced abortion: incidence and trends worldwide from 1995 to 2008". In: *The Lancet*. 379 (9816), S. 625–632, doi: 10.1016/S0140-6736(11)61786-8.

Süddeutsche Zeitung (2012): „Am Reißbrett des Lebens". *sueddeutsche.de*. 19.9.2012.

Zach, Angelika (1991): „Reform des § 144 des Strafgesetzes: Entkriminalisierung des Schwangerschaftsabbruchs". Abgerufen am 06.01.2018 von http://www.renner-institut.at/fileadmin/frauenmachengeschichte/sd_frgesch/sub-dat/fristenreg.htm.

Abbildungsverzeichnis

Abb. 1: : Gesellschaftspolitische Mythen. Quelle: (Initiative zur Info über Repr. Gesundheit)   10
Abb. 2: Mythen den Fötus betreffend. Quelle: (Initiative zur Info über Repr. Gesundheit 2018)   11

Abb. 4: Mythen die Frauen betreffend. Quelle: (Initiative zur Info über Repr. Gesundheit 2018)   14
Abb. 5: Mythen nach dem Abbruch. Quelle: (Initiative zur Info über Repr. Gesundheit 2018)   15
Abb. 6: Post Abortion Syndrom. Quelle: (König u. a. 2013)   15
Abb. 7: Erfahrungsberichte zum Abtreibungstrauma Quelle: (Rahel e.V 2018)   16
Abb. 8: Mythen über den Eingriff. Quelle: (Initiative zur Info über Repr. Gesundheit 2018)   16
Abb. 9: Marsch "1000 Kreuze für das Leben". Quelle (Helfer für Gottes kostbare Kinder Deutschland e. V. 2018)   17

BEI GRIN MACHT SICH IHR WISSEN BEZAHLT

- Wir veröffentlichen Ihre Hausarbeit,
  Bachelor- und Masterarbeit

- Ihr eigenes eBook und Buch -
  weltweit in allen wichtigen Shops

- Verdienen Sie an jedem Verkauf

Jetzt bei www.GRIN.com hochladen
und kostenlos publizieren